Servus

Das kleine Buch

Andreas Oberndorfer

KEKSE

für die Weihnachtszeit

Inhalt

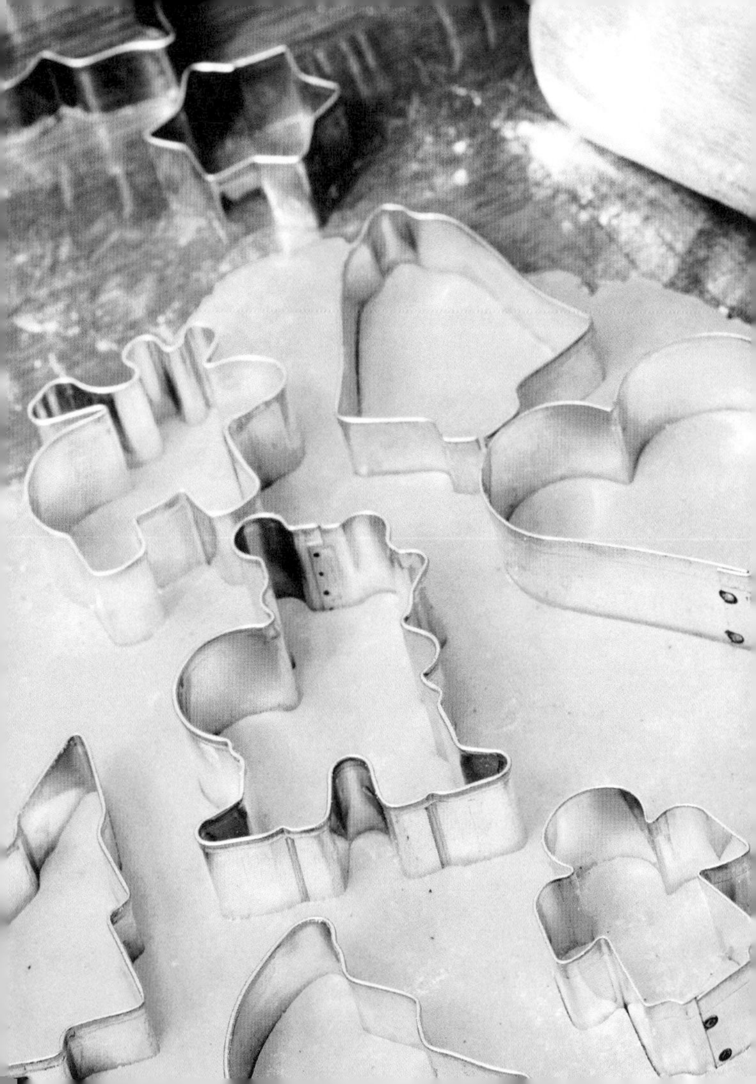

Vorwort

Wenn dieses Buch duften könnte, dann hätten wir jetzt vielleicht Vanille oder Nuss, Nougat oder Zimt in der Nase. Wenn es Geräusche machen könnte, dann würden das Knistern eines Holzofens und das Scheppern des Backblechs vertraute Bilder in unser Bewusstsein lautmalen.

Freilich, Bücher müssen nicht duften, knistern oder scheppern. Aber sie bringen uns auf neue, schöne und diesem Fall ausnahmslos süße Gedanken.
Natürlich finden Sie in unserem kleinen Keksbuch die Klassiker wie Vanillekipferl oder Honiglebkuchen. Wir haben uns aber auch bemüht, außergewöhnliche, fast vergessene Rezepte der österreichischen Keksgeschichte für Sie zusammenzustellen. Alle Rezepturen basieren auf Zutaten und Methoden, die bei uns in Österreich typisch sind, fast alle haben einen regionalen Ursprung.

Wir wünschen gutes Gelingen – und süße Feiertage!

Eine süße Geschichte

Wie die Kekse auf die Welt kamen

Ein Kind der Moderne

Auch wenn viele denken, es gebe sie schon ewig: Die kleinen Tee- und Weihnachtsbäckereien sind, kulinarhistorisch besehen, eine neumodische Erfindung aus dem frühen 20. Jahrhundert: Kekse existieren unter dieser Bezeichnung im deutschsprachigen Raum nämlich erst seit 1919. Damals wurden sie erstmals vom Duden registriert.

Naschen in der Antike

Süßes Kleingebäck ist allerdings schon bei den alten Ägyptern nachgewiesen, und es war offenbar so hoch geachtet, dass man es sogar den Toten mit ins Grab legte. In Indien stellte man schon um 3000 v. Chr. derlei her, und zwar – man staune – aus Marzipan und Nougat. Und wie so vieles wurden auch »Kekse« in einer der heutigen einigermaßen ähnlichen Form von den Römern erfunden: Sie erzeugten Waffelbiskuits, die allerdings nicht süß waren.

Teures Vergnügen

Die Süße des Gebäcks machte dieses in Europa jahrtausendelang zu einem Luxusgut. Alles wurde mit Honig gesüßt, Zucker gab es hier bis zum Mittelalter nicht, erst die Kreuzfahrer brachten ihn zu uns. Da Zuckerrohr im hiesigen Klima nicht gedieh, blieb der Süßstoff eine teure Importangelegenheit. Nur zu den höchsten kirchlichen Feiertagen, also zu Weihnachten, wurde in den reichen Klöstern süßes Backwerk zubereitet. In diese ersten Weihnachtsbäckereien arbeitete man auch die teuren exotischen Gewürze aus dem Orient ein – Nelken, Zimt, Kardamom und Ingwer –, die sonst nur den Höfen zugänglich waren.

Das süße Österreich

Es waren die Habsburger, die im 13. Jahrhundert das Zepter von den Babenbergern übernahmen und in der Folge derlei Süßigkeiten auch in Österreich salonfähig machten. Die Habsburger hatten ja einen spanischen Zweig, der sich durch seine Handelsflotte eines leichteren Zugangs zu den Spezereien der Welt erfreute. Ferdinand I., am Hofe Karls V. in Spanien und den Spanischen Niederlanden aufgewachsen und von Kindesbeinen an mit Näschereien verwöhnt, etablierte 1522 eine Hofzuckerbäckerei, die quasi die Wiener und überhaupt die österreichische Süßigkeitentradition begründete.

Der Zuckerrausch

Das edle Süßgebäck spielte in dieser Zeit in der einfachen Bevölkerung keine Rolle. Das änderte sich erst im Biedermeier. 1747 hatte Andreas Marggraf in Deutschland den Rübenzucker erfunden. Anfang des 19. Jahrhunderts begann man, ihn industriell herzustellen, und löste damit eine kulinarische Revolution aus. Es begann der Zuckerrausch.

Schon 1824 veröffentlichte F. G. Zenker, der Wiener Koch des Fürsten Schwarzenberg, sein Werk *Der Zuckerbäcker für Frauen mittlerer Stände – eine Anweisung zur leichten und wenig kostspieligen Bereitung der auserlesensten Confituren, Kunstgebäcke, Getränke, Gefrorenen etc*. Hier gab es die ersten »massentauglichen« Süßigkeiten Österreichs. Von den Köstlichkeiten, die heute unter dem Sammelbegriff »Kekse« firmieren, fanden sich allerdings nur Windbäckerei (»Spanische Winde«) und Makronen unter den Rezepten. Das Schwergewicht des Buchs bildeten Kandiertes in zig Variationen, soufflierte Zuckermischungen und Ähnliches.

Die wahre Hoch-Zeit des Feingebäcks brach in Österreich in der Gründerzeit an. Mit den Adeligen aus den Kronländern Böhmen, Mähren, Ungarn oder den italienischen Provinzen, die die Nähe des Wiener Hofs suchten, kamen auch deren Köchinnen und Köche hierher und brachten ihre Süßigkeiten gleich mit. Den vorläufigen Schlusspunkt der österreichischen Süßgebäck-Geschichte bildete das

Österreichs berühmtestes Weihnachtskeks ...

... ist ein Kipferl. Und wie alle Kipferl kommt es ursprünglich aus der Türkei: Der Legende nach entwickelten ja die Wiener Bäcker nach der Türkenbelagerung das Gebäck zur Feier der Abwehr des Feindes, dessen Fahne vom Halbmond geschmückt wurde. (Allerdings sind halbmondförmige Bäckereien schon von Mondkulten aus dem Altertum bekannt.)

Dass das Vanillekipferl so Furore machte, war selbst nach der Erfindung des Rübenzuckers nicht abzusehen. Die Vanille war nämlich nach wie vor nur für Wohlhabende erschwinglich. In der salzigen Wiener Küche wurde sie durch ein sehr unerwartetes Gewürz ersetzt. Der berühmte Vanillerostbraten verdankt seinen Geschmack dem – Knoblauch. Und Knoblauchkekse wären möglicherweise kein Hit unter dem Weihnachtsbaum geworden.

Glücklicherweise entwickelten zwei deutsche Forscher Ende des 19. Jahrhunderts einen künstlichen Geschmacksstoff: Vanillin. Er ist chemisch identisch mit einem Hauptbestandteil der Vanille und ermöglicht es, das Vanillearoma weitgehend nachzuahmen.

Vanillin ist heute der weltweit wichtigste künstliche Aromastoff und kann aus Holzbestandteilen günstig hergestellt werden. Und er war verantwortlich für den Siegeszug der Vanillekipferl als das Weihnachtsgebäck schlechthin.

Der Vater aller Kekse

Ehre, wem Ehre gebührt, auch wenn es hier um österreichische Kekse geht: Hermann Bahlsen, Gründer der Hannoverschen Cakesfabrik H. Bahlsen, hat die ersten Kekse produziert. Der deutsche Zuckerhändler lernte in England die dortigen *cakes* (Kuchen) kennen und lieben.

Hermann Bahlsen (1859–1919)

In Hannover gründete er seine »Cakesfabrik«, in der er die kleinen Dinger gleich verpacken ließ. Das verschaffte ihm einen Konkurrenzvorteil, weil seine Köstlichkeiten praktischer zu transportieren und länger haltbar waren als jene anderer Hersteller, die ihr Gebäck offen verkauften. 1893 erfand Bahlsen die »Leibniz Buttercakes«, die es heute noch in unveränderter Gestalt gibt. Ihren Namen bezogen die Kekse vom wahrscheinlich berühmtesten Bürger Hannovers, Gottfried Wilhelm Leibniz (1646–1716), einem der bedeutendsten Philosophen seiner Zeit.

Übrigens: Das eingedeutschte Wort »Keks« existiert offiziell erst seit 1919, als der Duden in seiner 9. Auflage den heute so viel Genuss verheißenden Begriff erstmals erwähnte.

Keks. Dieses aber »erfand« ein Deutscher (siehe Kasten linke Seite).

Rezepte aus den Regionen

Heute sagt man in Österreich zu praktisch allen Kleingebäcken »Keks« (häufig auch »das Keks« statt mit dem in Deutschland üblichen männlichen Artikel), während darunter bei unseren nördlichen Nachbarn fast nur industrielle Ware verstanden wird. Für hausgemachtes Feingebäck hat sich in Deutschland die Bezeichnung »Plätzchen« gehalten. Die in diesem Buch vorgestellten Rezepte haben wir (bis auf ein paar besonders wichtige, überall verbreitete Standards wie Vanillekipferl, Honiglebkuchen und Zimtsterne) in einzelnen österreichischen Regionen gefunden. Sie gibt es nicht überall – aber hoffentlich bald bei Ihnen daheim.

Per Definitionem Tee- und Weihnachtskekse

Das Österreichische Lebensmittelbuch definiert Teegebäck als »eine Mischung von verschiedenen feinen Backwaren«. »Feine Backwaren« werden aus Teigen oder Massen durch Backen, Frittieren oder Trocknen produziert und das ganze Jahr über angeboten. Weihnachtskekse werden meist aus üppigeren Teigen mit intensiverer Würzung hergestellt und häufig aufwendig verziert. »Kekse« heißen all diese Bäckereien erst seit dem frühen 20. Jahrhundert.

Glossar

Kleines Kekslatein: Fachbegriffe & Regeln zu unseren Rezepten

Abglänzen: Die Oberfläche des rohen Keks mit Eiklar überziehen.

Abtrieb: Butter-Dotter-Mischung. Weiche Butter und Eidotter werden so lange mit dem Schneebesen oder Mixer verrührt, bis eine homogene Masse entstanden ist.

Auf Sicht backen: Die wenigsten Herde halten die Backtemperatur konstant genau. Bei allen unseren Rezepten gilt daher: den Bräunungsgrad ständig durch das Fenster in der Ofentür kontrollieren.

Ausradeln: Mit einem Teigrad bestimmte Formen aus dem Teig ausschneiden.

Backblech: Wenn nicht anders angegeben, wird das Blech immer mit Backpapier ausgelegt.

Backmatten: Meist aus Silikon bestehende dünne Matten, die man als wiederverwendbaren Backpapierersatz, aber auch zum Teigausrollen verwenden kann. Wenn man Mürbteig zwischen zwei Backmatten ausrollt, wird der Teig mit etwas Geschick besonders gleichmäßig dick.

Belegfrüchte: Kandierte Früchte, die vor dem Backen auf die Kekse aufgelegt werden.

Brandig: wird der Mürbteig, wenn man ihn zu lange knetet oder zu warm verarbeitet; d. h., er verliert seine Bindung, das eingearbeitete Fett tritt wieder aus, der Teig bricht.

Eier: Die angegebenen Mengen an Dotter und Eiklar beziehen sich auf Eier der Größe M (mittel).

Formen: Es gibt unendlich viele Ausstechformen, Sterne in allen Größen, Halbmonde mit oder ohne Nase, Herzen, Weihnachtsbäume, Kometen und Engel, aber auch alle Formen des Vierecks, Kreise oder Ovale. Die traditionellen Gestalten stellen oft Schutz- oder Fruchtbarkeitssymbole dar.

Dreiecke: stehen in christlicher Tradition für das Auge Gottes. **Kleine Wecken:** erinnern an Fische. Einst wurde dieses Gebäck geopfert, um die Naturgewalt Wasser zu besänftigen. **Kreis oder Kugel:** In Oberösterreich wurden diese Gebäcke dem Feuer geopfert, um es milde zu stimmen und abzuwehren. **Ringe:** Ebenfalls in Oberösterreich glaubte man, diese Keksform beschwöre den Wind. **Sterne:** gehören zu den ältesten Symbolen. Bis heute werden sie in manchen Gegenden Österreichs als Schutzstern, z. B. gegen Hagel, oder als Symbol für den Wunsch nach der Geburt eines Buben gebacken.

Herd: Die Angaben zu Temperaturen und Backzeiten in diesem Buch beziehen sich auf elektrische Backrohre. Gebacken wird, wenn nicht anders angegeben, bei Ober- und Unterhitze.

Makronen: Bei uns in Österreich meist als **Busserl** bezeichnet. Die Makronenmasse basiert immer auf einer Eischnee-Staubzucker-Mischung, die unterschiedlich gewürzt wird (z. B. Kokosbusserl). Sie wird mit einem Teelöffel oder einem Spritzsack aufs Backblech gesetzt.

Kuvertüre: Kochschokolade; gibt es als dunkle und als Milchschokolade.

Mehl: Wenn nicht anders angegeben, verwenden wir Weizen-Universalmehl (Type W 480).

Mehlbesen: Sehr dünner, meist 30 cm langer Handbesen ohne Stiel mit dichten Borsten zum Sammeln und Verteilen des Mehls auf einer Fläche, auf der ein Teig ausgerollt wird.

Mengen: Die Zutatenmengen bei unseren Rezepten ergeben zwischen 400 und 600 g Kekse (zwei Backbleche).

Mürbteig: Die meisten hier wiedergegebenen Rezepte basieren auf süßem Mürbteig, das ist im Prinzip eine Mischung aus 3 Teilen Mehl, 2 Teilen Fett (in der Regel Butter) und 1 Teil Zucker; er wird deshalb verbreitet auch »1-2-3-Teig« genannt.

- ☞ Mürbteig muss rasch verarbeitet werden und darf nicht zu warm sein. Wenn Sie ihn nicht noch kühl fertigkneten können, geben Sie ihn vor der Weiterverarbeitung eine halbe Stunde in den Kühlschrank.
- ☞ Wenn Sie aus Mürbteig ausgestochene Kekse vor dem Backen ein paarmal mit der Gabel einstechen, geht das Gebäck nicht so stark auf. Das ist manchmal, zum Beispiel bei später zusammengeklebten Keksen, durchaus wünschenswert.

- Mürbteig darf nicht zu lange geknetet werden, weil er sonst »brandig« wird, d. h., das Fett tritt aus der Masse wieder aus.
- Die Kekse aus dem Mürbteig mit möglichst wenig Abstand ausstechen! Der verbliebene Teig kann noch maximal ein zweites Mal kurz verknetet und ausgerollt werden, sonst wird er ebenfalls brandig.

Spritz- oder Dressiersack: Kunststoffsack mit Gewinde zum Aufbringen einer Tülle.

Tülle: Aufsatz, durch den die Backmasse aufs Blech gedrückt wird. Gibt es u. a. mit rundem oder sternförmigem Loch in verschiedenen Größen, die angeführten Nummern bezeichnen den Durchmesser in Millimeter. Unsere Busserl und Makronen wurden mit Tüllen der Größen 9 bis 11 aufgespritzt.

Vanillezucker, selbst gemacht

Es ist ein bisschen Arbeit, aber dafür schmecken Ihre Kipferl und Kekse dann noch besser.

Das gängige Rezept für selbstgemachten Vanillezucker ist einfach: einige ausgeschabte Vanilleschoten in ein Glas mit Staubzucker geben und luftdicht verschließen. Dort bleiben sie für mehrere Wochen, der Zucker nimmt ihr Aroma an. Das Glas kann immer wieder nachgefüllt werden.

Noch aromatischer und vor allem sofort verfügbar: Man legt fünf ausgekratzte Bourbonvanilleschoten (das Mark können Sie für einen besonders edlen Teig verwenden) ins Backrohr und erhitzt sie 15 Minuten lang auf nicht mehr als 150 °. Die abgekühlten Schoten mit einem Mixer oder einer Gewürzmühle sorgfältig zu feinem Pulver mahlen.

Ein Teelöffel auf 500 g Staubzucker ergibt einen intensiven Vanillezucker, der grandios schmeckt. Wenn man die Mischung eine Woche lang in einem luftdichten Behälter lagert, wird das Aroma noch kräftiger. Wie viel vom selbstgemachten Vanillezucker für Ihre Rezepte notwendig ist, müssen Sie allerdings selbst testen.

Anisbögen

Niederösterreich

ZUTATEN

- 5 Eier
- 250 g Zucker
- 125 g Mehl
- 2 EL Anis

ZUBEREITUNG

Die Eier mit dem Zucker schaumig schlagen und das Mehl unterheben. Auf ein befettetes und bemehltes Blech den Teig mit einem Löffel in sehr dünnen Scheiben von 6 bis 8 cm Durchmesser aufstreichen und mit Anis bestreuen. Auf Backpapier sollte hier verzichtet werden.
2 bis 3 Minuten bei 190 °C backen. Mit einem breiten Messer vom Blech lösen und sofort mit einem Kochlöffelstiel zu einer Rolle formen. Bitte rasch verarbeiten, sonst bricht das Gebäck! Am besten nicht mehr als 6 Scheiben gleichzeitig backen.

LAGERUNG

Trocken und aromageschützt.

Burgenländerkipferl

Burgenland

ZUTATEN

- 250 g Butter
- 125 ml Milch
- 1 Dotter
- 1 Prise Salz
- 400 g Mehl
- 2 EL Staubzucker
- 1 Pkg. Germ
- 2 Eiklar
- 150 g Staubzucker
- 200 g geriebene Haselnüsse

ZUBEREITUNG

Butter zerlaufen lassen, mit Milch, Dotter, Salz, Mehl, Zucker und Germ zu einem Teig verarbeiten. 2 Stunden im Kühlschrank rasten lassen.
Die Eiklar mit Staubzucker zu einem steifen Schnee schlagen und die geriebenen Haselnüsse vorsichtig untermengen.
Den Teig nochmals durchkneten, in 4 Stücke teilen und jedes Teigstück 3 mm dick ausrollen. Die Teigflächen mit der Schneemasse bestreichen. Die bestrichenen Teigplatten einrollen und leicht flachdrücken.
Mit einem Ausstecher aus den Teigrollen Halbmonde ausstechen und auf ein mit Backpapier belegtes Backblech setzen.
Bei 170 °C 10 bis 12 Minuten hellbraun backen.

Nach dem Erkalten die Kipferl mit Staubzucker bestreuen.

LAGERUNG

In einer Schachtel, die einzelnen Schichten mit Backpapier trennen.

Feigenkrapferl

Burgenland

ZUTATEN

- 2 Eier
- 1 Dotter
- 250 g Staubzucker
- 6 getrocknete Feigen
- 50 g Rosinen
- 2 Rippen Kochschokolade
- 250 g geriebene Walnüsse
- 2 EL Mehl
- Kristallzucker
- Marillenmarmelade

ZUBEREITUNG

Eier, Dotter und Staubzucker schaumig rühren.
Dörrfeigen, Rosinen und Kochschokolade klein hacken und mit den restlichen Zutaten außer der Marmelade unter die schaumige Masse rühren.
Kleine Kugeln formen und in Kristallzucker wälzen. Mit dem Kochlöffelstiel in die Mitte der Kugel eine Mulde machen, mit ein wenig Marillenmarmelade füllen.
Bei 170 °C ca. 10 Minuten backen.

LAGERUNG

In einer Schachtel, die einzelnen Schichten mit Backpapier trennen.

Fruchtige Kokosbusserl

Oberösterreich

ZUTATEN

- 3 Eiklar
- 130 g Feinkristall-zucker
- 200 g Kokos-flocken
- 10 g Semmel- oder Kuchenbrösel
- 40 g klein gehack-te, in Rum einge-legte Rosinen
- 100 g klein ge-hackte, kandierte Ananasscheiben (kann man auch durch kandierte oder getrocknete Datteln, Apfel-ringe, Mangos, Mandarinen, Feigen, Aranzini oder Ähnliches ersetzen)
- 1 cl Zitronensaft, Rum oder Malibu-Likör

ZUBEREITUNG

Eiklar mit Zucker sehr schaumig schlagen, die restlichen Zutaten dazurühren.
Von der Masse mit einem Teelöffel kleine Häufchen abstechen und auf ein mit Backpapier belegtes Blech setzen. Wenn die Früchte sehr fein gehackt sind, kann die Masse auch mit einem Spritzsack auf das Blech gesetzt werden.
Im vorgeheizten Backrohr bei 165 bis 175 °C 10 bis 12 Minuten hellbraun backen.

LAGERUNG

In einer Schachtel, die einzelnen Schichten mit Backpapier trennen.

Hirschhornkekse

Tirol

ZUTATEN

- 500 g Mehl
- 180 g Zucker
- 80 g Butter
- 125 ml Milch
- 2 Eier
- Saft einer Zitrone
- 2 TL Hirschhornsalz (erhältlich in gut sortierten Drogerien)
- evtl. 1 TL Anis zum Würzen

ZUBEREITUNG

Alle Zutaten zu einem Mürbteig zusammenkneten, den Teig über Nacht kühl rasten lassen.
Am nächsten Tag 3 bis 4 mm dick auswalken und mit verschiedenen Formen ausstechen.
Die Kekse bei 200 °C etwa 10 Minuten backen.

LAGERUNG

In einer verschlossenen Dose einige Tage mürb werden lassen.

Honiglebkuchen

Österreich

ZUTATEN

- 120 g Butter
- 250 g Feinkristall-zucker
- 20 g Vanillezucker
- 4 Eier
- 40 g Honig
- 60 ml Milch
- 20 g Kakao
- 1 Prise Lebkuchen-gewürz
- 50 g geriebene Mandeln
- 200 g Weizenmehl
- 200 g Roggenmehl
- 10 g Backpulver
- Mandelsplitter-kandierte Kirschen oder Ähnliches
- 1 Tafel Milch-kuvertüre

ZUBEREITUNG

Butter, Zucker, Vanillezucker und Eier schaumig schlagen und anschließend Honig, Milch, Kakao, Lebkuchengewürz und Mandeln unterrühren.
Mehle und Backpulver sieben und ebenfalls unterheben. Noch einmal kräftig verrühren.
Den Teig auf ein eingefettetes und leicht bemehlte Backblech streichen und mit Mandelsplittern und Kirschen verzieren.
Im vorgeheizten Backrohr bei 170 °C ca. 30 Minuten backen.
Nach dem Abkühlen nach Geschmack mit zerlassener Milchkuvertüre verzieren und in kleine Würfel schneiden.

LAGERUNG

In einer verschlossenen Dose einige Tage mürb werden lassen.

Kokosmakronen mit Topfen

Salzburg

ZUTATEN

- 4 Eiklar
- 65 g Topfen
- 150 g Zucker
- 200 g Kokosflocken

ZUBEREITUNG

Eiklar mit Zucker schaumig schlagen, dann die restlichen Zutaten dazugeben und verrühren.
In ca. 15 g schwere Kugerl formen. Die Masse kann auch mit einem Spritzsack aufgetragen werden.
Im vorgheizten Ofen bei 160 °C 10 bis 15 Minuten backen. Garprobe: Die Busserlhülle sollte krustig sein.

LAGERUNG

In einer Schachtel, die einzelnen Schichten mit Backpapier trennen.

Kürbiskernkipferl

Steiermark

ZUTATEN

- 210 g Butter
- 260 g glattes Mehl
- 100 g geriebene Kürbiskerne
- 100 g Staubzucker
- 1 Pkg. Vanillezucker
- Staubzucker

ZUBEREITUNG

Butter in Stücke schneiden und mit ⅔ des Mehls verkneten. Anschließend mit allen anderen Zutaten zu einem geschmeidigen Teig verarbeiten.
Eine Kugel formen, in Haushaltsfolie einwickeln und zum Rasten für eine halbe Stunde in den Kühlschrank stellen.
Aus dem gekühlten Teig Stränge von 2 cm Durchmesser formen und davon kleine Stücke abschneiden. Diese Stücke mit der Hand zu kleinen Strängen rollen. Sie sollten an den Enden ein wenig schmaler sein. Dann aus diesen Teigstücken Kipferl formen.
Im auf 170 °C vorgeheizten Backrohr 8 bis 10 Minuten hellbraun backen.
Leicht auskühlen lassen und noch lauwarm vorsichtig in Staubzucker wälzen.

LAGERUNG

In einer verschlossenen Dose einige Tage mürb werden lassen.

Lavendelkekse

Steiermark

ZUTATEN

- 120 g Butter
- 60 g Zucker
- 180 g Dinkelmehl
- 2 EL frische oder getrocknete Lavendelblüten

ZUBEREITUNG

Aus Butter, Zucker, Mehl und Lavendel einen Mürbteig bereiten und rund 30 Minuten kühl rasten lassen. Mengt man dem Teig die geriebene Schale einer halben Zitrone bei, wird er noch feiner. Den Teig ca. 3 mm dick ausrollen und Herzen ausstechen. Bei 190 °C ca. 9 Minuten backen.

LAGERUNG

In einer verschlossenen Dose einige Tage mürb werden lassen.

Linzeraugen

Oberösterreich

ZUTATEN

- 200 g Staubzucker
- 400 g Butter
- 600 g Mehl
- 1 Prise Salz
- 2 Eier
- 2 EL Vanillezucker
- Zitronenschale
- 100 g Marmelade (z. B. Himbeer oder Ribisel)

ZUBEREITUNG

Staubzucker, Butter, Mehl, Salz, Eier, Vanillezucker und geriebene Zitronenschale rasch zu einem geschmeidigen Teig verarbeiten und 1 Stunde im Kühlschrank rasten lassen.
Den Teig 3 mm dick ausrollen, gleich viele Keksdeckel mit Löchern und Böden ohne Löcher ausstechen.
Bei 180 °C ca. 10 Minuten backen.
Danach die untere Kekshälfte mit Marmelade bestreichen, den gelochten Oberteil mit Staubzucker bestreuen und beide Teile zusammensetzen.

LAGERUNG

In einer verschlossenen Dose mürb werden lassen, die einzelnen Lagen mit Backpapier trennen.

Marmeladeecken

Salzburg

ZUTATEN

- 400 g Mehl
- 250 g Butter
- 1 Pkg. Germ
- 4 EL Rum
- 8 EL Milch
- 2 EL Zucker
- Säuerliche Marmelade (z. B. Weichsel)

ZUBEREITUNG

Alle Zutaten außer der Marmelade zu einem Teig verarbeiten und über Nacht kühl rasten lassen.
Den Teig auswalken, Quadrate schneiden, mit der Marmelade füllen und übers Eck zusammenschlagen.
Um ein leicht exotisches Aroma zu erhalten, kann auch Orangenmarmelade für die Fülle verwendet werden.
Bei 180 °C ca. 20 Minuten backen.
Noch warm mit Staubzucker bestreuen.

LAGERUNG

In einer Schachtel oder in einem offenen Körberl.

Moccataler

Steiermark

ZUTATEN

- 120 g dunkle Kuvertüre
- 200 g Butter
- 150 g Staubzucker, fein gesiebt
- 200 g glattes Mehl
- 50 g Weizenstärke
- 5 g Löskaffee oder Instant-Kaffeepulver
- 2 cl heißes Wasser (kann auch durch heißen Rum ersetzt werden)
- 1 Prise Salz
- ev. halbierte Mandeln als Zierde

ZUBEREITUNG

Schokolade in der Mikrowelle oder über einem Wasserbad schmelzen, Butter gegen Ende dazugeben und mit erweichen. Staubzucker, Salz und in Wasser oder Rum aufgelöstes Kaffeepulver unterrühren. Mehl und Weizenstärke hinzufügen und gut vermischen. Die noch warme Masse in einen Spritzsack füllen (Achtung, sie lässt sich kalt nicht mehr verarbeiten!) und mit gezackter Tülle kleine Taler oder flache Rosetten auf ein vorbereitetes Backblech spritzen. Etwa 1 Stunde kühl stellen. Im vorgeheizten Backrohr bei 165 bis 175 °C 10 bis 12 Minuten auf Sicht nicht zu dunkel backen.

LAGERUNG

In einer Schachtel oder in einem offenen Körberl.

Mostkekse

Oberösterreich

ZUTATEN

- 250 ml Most (alternativ: 4 cl Apfelessig oder eingekochter Wein)
- 250 g glattes Mehl
- 200 g Butter
- 80 g Staubzucker
- 1 Dotter
- 1 Prise Salz
- Ribisel- oder Himbeermarmelade zum Füllen
- 1 bis 2 Eiklar
- Vanillezucker, mit fein gesiebtem Staubzucker vermischt

ZUBEREITUNG

Most auf kleiner Flamme auf 4 cl (2 Schnapsgläser) einkochen. Mit den restlichen Zutaten in eine Schüssel oder auf eine Arbeitsfläche geben, vermischen und zu einem Mürbteig verarbeiten. 1 Stunde im Kühlschrank rasten lassen.

Den Teig zwischen zwei mit wenig Mehl gestaubten Backmatten ca. 3 mm dick ausrollen. (Es funktioniert auch auf einer gut bemehlten Arbeitsfläche, wenn Sie nicht zu große Mengen auf einmal verarbeiten.)

Runde Formen mit einem Durchmesser von 4 bis 5 cm oder kleine Rechtecke mit dem Teigrad abschneiden.

Die Ränder mit Eiklar bestreichen, in die Mitte etwas Marmelade setzen, zusammenklappen und die Ränder gut andrücken.

Im vorgeheizten Rohr bei 165 bis 175 °C 12 bis 14 Minuten auf Sicht hell backen. Die warmen Kekse mit dem Vanillezucker-Staubzucker-Gemisch bestreuen.

LAGERUNG

In einer verschlossenen Dose einige Tage mürb werden lassen.

Nervenkekse

Kärnten

ZUTATEN

- 2 g geriebene Muskatnuss
- 6 g gemahlener Zimt
- 2 g Nelkenpulver
- 250 g Dinkelfeinmehl
- 100 g gemahlene Mandeln
- 1 TL Weinstein-Backpulver
- 1 Ei
- 100 g Zucker
- abgeriebene Schale einer halben unbehandelten Zitrone
- 125 g Butter

ZUBEREITUNG

Alle Zutaten zu einem Teig verkneten, im Kühlschrank ca. 1 Stunde kalt stellen. Den Teig messerrückendick auswalken und beliebige Formen ausstechen.

8 bis 12 Minuten bei 175 bis 200 °C backen.

LAGERUNG

In einer verschlossenen Dose oder im Glas einige Tage mürb werden lassen.

Rosmarinkekse

Tirol

ZUTATEN

- 160 g Butter
- 2 EL frische gehackte Rosmarinnadeln
- 80 g Zucker
- 200 g glattes Mehl
- 40 g Stärkemehl (z. B. Maizena)
- 1 Dotter
- Salz

ZUBEREITUNG

Die Butter mit den Rosmarinnadeln kurz aufkochen, den Topf vom Herd nehmen und die Rosmarinbutter 20 Minuten ziehen lassen. Danach durch ein feines Sieb gießen und den aufgefangenen Rosmarin gut ausdrücken.

Die Butter wieder fest werden lassen und dann mit Zucker, Mehl, Stärke, Dotter und einer kräftigen Prise Salz zu einem glatten Teig kneten. In Folie wickeln und im Kühlschrank etwa 2 Stunden kalt stellen.

Den Teig auf einer leicht bemehlten Arbeitsfläche etwa 5 mm dick ausrollen. Mit einer Ausstechform (5 × 5 cm) Kekse ausstechen und auf mit Backpapier ausgelegte Bleche setzen.

Teig mehrmals mit einer Gabel einstechen. Die Kekse nacheinander im vorgeheizten Rohr bei 180 °C 10 bis 12 Minuten backen.

LAGERUNG

In einem großen verschlossenen Glas einige Tage mürb werden lassen.

Schusterlaberl

Burgenland

ZUTATEN

- 3 Dotter
- 200 g Staubzucker
- 250 g Kokosflocken
- 3 Rippen Kochschokolade
- 3 Eiklar

ZUBEREITUNG

Dotter mit Zucker schaumig rühren. Kokosflocken leicht anrösten und auskühlen lassen, die Kochschokolade fein reiben. All diese Zutaten vermengen, Eiklar zu Schnee schlagen und unterziehen.

Mit der Hand kleine Kugerl formen. Sie sollten wirklich sehr klein sein, weil die Masse stark aufgeht.

Anschließend die Laberl in Staubzucker wälzen.

Bei 170 °C Heißluft 15 bis 20 Minuten backen.

LAGERUNG

In einer Schachtel, die einzelnen Schichten mit Backpapier trennen.

Steirerkekse

Steiermark

ZUTATEN

Teig
- 2 Dotter
- 140 g geriebene Kürbiskerne
- 180 g glattes Mehl
- 140 g Butter
- 70 g Staubzucker
- 1 geriebene Limettenschale
- 1 Messerspitze gemahlener Ingwer

Kakaoglasur
- 2 Eiklar
- 120 g Staubzucker
- 20 g Kakao
- 1 TL Rum

Fülle
- Ribisel- oder Erdbeermarmelade

ZUBEREITUNG

Alle Teigzutaten verkneten und den entstandenen Mürbteig 30 Minuten rasten lassen. Danach auf einer mit Mehl bestaubten Arbeitsfläche sehr dünn ausrollen. Mit einer runden Keksform (4 cm Durchmesser) Kekse ohne Loch und dieselbe Anzahl mit Loch ausstechen.

Im Backrohr bei 170 °C 8 bis 10 Minuten leicht braun backen und auskühlen lassen.

Eiklar und den gesiebten Staubzucker mit einem Schneebesen schaumig rühren; die Masse sollte eine zähflüssige Konsistenz aufweisen. Den gesiebten Kakao und den Rum glatt unterrühren.

Die gelochten Kekse mit dieser Kakaoglasur überziehen und trocknen lassen.

Die unglasierten Kekse ohne Loch mit Marmelade bestreichen, das glasierte Gegenstück darauf setzen und alles auf Butterpapier trocknen lassen.

LAGERUNG

In einer Dose, die einzelnen Schichten mit Backpapier trennen.

TOKAJER

Burgenland

ZUTATEN

Teig
- 280 g Mehl
- 250 g Butter
- 3 Dotter
- 1 Prise Salz

Glasur
- 3 Eiklar
- 450 g Staubzucker

Fülle
- Ribiselmarmelade

ZUBEREITUNG

Alle Zutaten für den Teig auf einem Brett verkneten. Etwas rasten lassen, dann 3 bis 4 mm dick ausrollen.
Für die Glasur Eiklar mit dem Staubzucker steif schlagen.
Die Glasur auf den Teig streichen.
Mit einer Keksform Halbmonde ausstechen.
Bei 170 °C und Heißluft 8 bis 10 Minuten backen.
Erkalten lassen, je 2 Halbmonde mit Ribiselmarmelade zusammenkleben.

LAGERUNG

In einer Dose, die einzelnen Schichten mit Backpapier trennen.

Vanillekipferl

Österreich

ZUTATEN

- 280 g glattes Mehl
- 200 g Butter (zimmerwarm)
- 100 g geriebene Haselnüsse
- 80 g Staubzucker
- 1 Pkg. Vanillezucker
- 1 feine Prise Salz

Zum Bestreuen

- Staubzucker
- Vanillezucker

ZUBEREITUNG

Alle Zutaten mischen und rasch zu einem geschmeidigen Teig kneten.
In Klarsichtfolie einschlagen und 1 Stunde rasten lassen.
Den Teig in 5 oder 6 Teile teilen und diese in Rollen zu 1,5 cm Durchmesser formen. Die Rollen in kleine Stücke teilen und daraus Kipferl formen.
Bei 170 °C Heißluft ca. 10 Minuten backen.
Vanillezucker und Staubzucker vermischen und die noch heißen Vanillekipferl darin wälzen.

LAGERUNG

In einer verschlossenen Dose einige Tage mürb werden lassen.

Zimtsterne

Österreich

ZUTATEN

Teig
- 3 Eiklar
- 250 g Feinkristallzucker
- 400 g fein geriebene Mandeln
- 40 g glattes Mehl
- 5 g Zimt

Glasur
- 1 Eiklar
- 130 g Staubzucker
- 1 Prise Salz

ZUBEREITUNG

Eiklar und Feinkristallzucker über einem Wasserbad auf ca. 40 °C erwärmen (nicht aufschlagen, sondern nur vorsichtig rühren), bis sich der Zucker aufgelöst hat. Die Mandeln am besten zusätzlich mit einem Cutter fein reiben, mit Mehl und Zimt vermischen und unter das Eiklar rühren. Die Masse über Nacht im Kühlschrank rasten lassen. Eiklar, Staubzucker und Salz verrühren. Den Teig ca. 4 mm dick auswalzen und die Glasur mit einem Pinsel dünn auftragen. Anschließend Sterne ausstechen (die Ausstechform davor jeweils in heißes Wasser tauchen) und auf ein mit Backpapier belegtes Backblech setzen. Im vorgeheizten Backrohr bei 160 °C ca. 8 bis 10 Minuten backen. Optimal sind die Zimtsterne dann, wenn sie in der Mitte noch weich sind.

LAGERUNG

In einer Schachtel, die einzelnen Schichten mit Backpapier trennen.

ZITRONENSTERNE

Tirol

ZUTATEN

Teig
- 350 g Mehl
- 250 g Butter
- 3 Dotter
- 150 g Staubzucker

Glasur
- 1 Eiklar
- 150 g Staubzucker
- Saft einer Zitrone

Fülle
- Marillen-marmelade

ZUBEREITUNG

Aus Mehl, Butter, Zucker und Dotter einen Mürbteig zubereiten und einige Stunden kühl stellen.
Den Teig ausrollen und Sterne ausstechen.
Für die Glasur Eiklar und Staubzucker dick schaumig rühren, den Saft von 1 bis 2 Zitronen dazugeben.
Die Sterne auf ein Backblech legen und mit Glasur bestreichen. Bei 175 °C 10 bis 15 Minuten hell backen.
Nach dem Erkalten auf der Unterseite mit Marillenmarmelade bestreichen und jeweils zwei Sterne zusammensetzen.

LAGERUNG

In einer verschlossenen Dose einige Tage mürb werden lassen, einzelne Schichten mit Backpapier trennen.

Zwickerbusserl

Vorarlberg

ZUTATEN

Teig

- 150 g gesiebtes Mehl
- 150 g weiche Butter
- 2 Dotter

Zum Aufspritzen

- 2 Eiklar
- 130 g Zucker

Fülle

- heiße Marillenmarmelade

ZUBEREITUNG

Mehl, Butter und Dotter der Reihe nach in eine Rührschüssel geben und mit dem Handmixer (Knethaken) verkneten.
30 Minuten kalt stellen.
Den Teig ca. 3 mm dick ausrollen und Scheiben von 3 cm Durchmesser ausstechen. Die Scheiben auf ein leicht befettetes Backblech legen.
Eiklar aufschlagen, den Zucker nach und nach dazugeben und zu steifem Schnee schlagen. Den Schnee in einen Spritzbeutel mit mittlerer glatter Tülle füllen und auf die Scheiben kleine Spitzen aufspritzen.
Im auf 150 °C vorgeheizten Rohr ca. 30 Minuten backen.
Die erkalteten Gebäckstücke mit Marmelade zusammenkleben.

LAGERUNG

In einer verschlossenen Dose einige Tage mürb werden lassen, einzelne Schichten mit Backpapier trennen.

Über den Autor

Andreas Oberndorfer ist freier Autor und war u.a. Chefredakteur der Gastronomieführer *Wien, wie es isst* und *Österreich A la Carte* sowie einiger Reise- und Reportagemagazine. Außerdem ist er ambitionierter Hobbykoch.

FSC
www.fsc.org
MIX
Papier aus verantwortungsvollen Quellen
FSC® C012536

 Gesetzt aus der Hoefler Text und The Sans. · Medieninhaber, Verleger und Herausgeber: Red Bull Media House GmbH · Oberst-Lepperdinger-Straße 11–15 · 5071 Wals bei Salzburg, Österreich · Gestaltung und Satz: wir sind artisten · Bilder: Cover: pixabay/Sabrina_Ripke_Fotografie · Innenteil: S. 6: mauritius images; S. 12: thebahlsenfamily; S. 21-63: Eisenhut & Mayer

Printed in Austria
ISBN 978-3 7104-0225-8